ENFANCE,
ENFANCE...

D0317304

ENFANCE, ENFANCE...
Le locataire
Les enfants du lac Tana

Directrice de collection
Françoise Ligier

Révision
Michèle Drechou
Maïr Verthuy

Conception graphique
Meiko Bae

Illustrations intérieures
Sharif Tarabay

Illustration de la couverture
Sharif Tarabay

Mis en page sur ordinateur par
Mégatexte

© Copyright 1991
Éditions Hurtubise HMH, Ltée
7360, boulevard Newman
Ville LaSalle (Québec)
H8N 1X2
Canada

Téléphone (514) 364-0323

ISBN 2-89045-883-0

ENFANCE, ENFANCE...

Rabah Belamri

Rabah BELAMRI

Né en 1946 à Bougaâ (Algérie), établi à Paris depuis 1972, Rabah Belamri est l'auteur de plusieurs ouvrages : *Regard blessé* (roman prix France – culture), *L'asile de pierre* (roman), *L'olivier boit son ombre* (poèmes), *Mémoire en archipel*. Conteur, Rabah Belamri intervient en milieu scolaire.

Elsa-Maria MAZIGI

En 1974 la guerre éclate au Liban. Elsa-Maria est née à Beyrouth durant le premier été de cette guerre. Elle étudie à Montréal.

Pius NGANDU Nkashama

Pius Ngandu Nkashama est né à Mbuji-mayi (Zaïre). Depuis 1989, il est rattaché aux éditions L'Harmattan à Paris où il s'occupe de publications sur l'Afrique. Il a écrit de nombreux textes littéraires, romans et récits (*Les étoiles écrasées*, *Un jour de grand soleil*, *Pour les siècles des siècles*, *Le doyen Marri*, *Mangroves*), poèmes, pièces de théâtre (*Bonjour Monsieur le Ministre*). Il est également l'auteur d'une anthologie critique, *Littératures africaines*.

*T*arzan était arrivé à l'école un jour de novembre. Il marchait derrière le directeur, engoncé dans un ample manteau qui lui donnait une silhouette d'adolescent.

Son père, qui suivait, s'arrêta sur le seuil de la porte. Il retira son béret, inclina la tête avec gravité en direction du maître. Les élèves le connaissaient de vue. C'était le nouveau mécanicien des garages Mota, établi depuis peu de temps au village. Il parlait rarement et chassait avec rudesse les gamins qui le regardaient depuis le trottoir, fascinés par ses gestes, ses outils, ses moteurs démontés puis reconstruits.

Le directeur garda la main sur la poignée de la porte : un paquet de feuilles mortes soulevées de la cour par une rafale de vent, menaçait de s'engouffrer dans la classe. Mais le mécanicien ne se décidait pas à partir. Il fixait son fils sans aménité. Il devait dire quelque chose au maître, quelque chose d'important, et ne savait

MÉDITERRANÉE

ALGER   SKIKDA
ORAN   CONSTANTINE
ABBES   EL BOULAIDA   BATNA
CHOTT ECH CHERGUL   CHOTT MELRHIR   TUNISIE
GHARDAIA
WARGLA

MAROC

ALGÉRIE

SAOURA

GARA DJEBILET

REGGAN

LIBYE

SAHARA

TAMENGHEST   TAFASSASSET

MALI   NIGER

0   200 KM

comment s'y prendre. La main que le directeur lui tendit lui délia enfin la langue.

– Monsieur! déclara-t-il en français, sans préambule, l'index pointé sur son fils. Ce garçon a la tête dure comme la pierre, une tête où rien ne rentre! Punissez, Monsieur! Frappez, Monsieur! Cela lui fera du bien.

Une lueur passa dans les yeux du maître. Quant au directeur, après avoir rassuré de quelques mots l'homme sur la discipline régnant dans l'établissement, il referma la porte avec soulagement.

Pendant que le maître et le directeur discutaient, Tarzan, debout devant le tableau, offert à la curiosité de la classe, avait du mal à dissimuler son trouble. La tête enfoncée dans les épaules, les lèvres entrouvertes, il ne savait où poser son regard. Des élèves ouvrirent de grandes bouches en le dévisageant et d'autres lui adressèrent des signaux sans équivoque qui accrurent son malaise. Hassan, au contraire, l'observait avec intérêt, frappé davantage par la pâleur de son front, la limpidité de son regard que par sa carrure ou sa mise vestimentaire. Il esquissa un sourire mais l'autre, captif de son désarroi, ne répondit pas. Sans détacher ses yeux du nouvel élève, il rassembla ses affaires éparpillées sur la table à deux places car il savait qu'il n'y avait pas d'autre place libre.

En voulant rejoindre le banc que lui avait indiqué le maître, après le départ du directeur, Tarzan trébucha sur un cartable poussé sur son chemin par un élève farceur. Il faillit perdre l'équilibre et heurta une table qui crissa sur le carrelage. Éclat de rire général.

– Tout doux, tout doux, Tarzan. Ne démolis pas l'école de la République, dit le maître.

Tarzan eut des difficultés à s'asseoir, à cause de son manteau. Hassan lui fit signe de l'ôter en lui indiquant où le suspendre. Tarzan considéra son voisin et ses yeux s'agrandirent de stupeur. Par la suite, il ne cessa pas de lui jeter des regards à la dérobée.

Pendant la récréation, les élèves se pressèrent autour de Tarzan qui dépassait tout le monde d'au moins une tête. Ils l'appelèrent par le sobriquet que le maître lui avait donné. Il protesta : ce n'était pas son prénom, le prénom choisi par ses parents. Ils lui expliquèrent que Tarzan était le sultan de la forêt, un homme d'une force inégalée, capable de soumettre à sa volonté les fauves et les guerriers les plus féroces. Il haussa les épaules.

– Mon prénom, c'est Mouloud ! Mouloud ! rien d'autre !

Il jetait des coups d'œil du côté de Hassan. L'un des élèves, qui avait deviné combien Tarzan était intrigué par la bosse de Hassan, lança en riant :

– Tu es assis à la même table que Hassan, et Hassan a une bosse. Tu l'as vue ?

– C'est une vraie bosse ? demanda Tarzan d'une voix timide.

– Oui, une vraie. Tu peux la toucher. N'est-ce pas, Hassan ?

Le garçon s'empara de la main de Tarzan et la passa sur le dos déformé de son camarade qui souriait avec résignation.

– C'est vrai, Hassan est bossu, mais, en classe, c'est lui le premier. Et les dessins qui sont accrochés aux murs, c'est lui qui les a faits. Hassan est gentil. Si tu n'arrives pas à faire tes devoirs, appelle Hassan ; il les fera à ta place. N'est-ce pas, Hassan ? Il est très gentil, Hassan.

Au moment de retourner en classe, Tarzan s'arrangea pour se retrouver juste derrière Hassan : la bosse le subjuguait. Le contraste entre la haute taille de l'un et le corps recroquevillé de l'autre suscita des rires étouffés dans les rangs.

Hassan se défendait avec sa gentillesse. Pour désarmer ses camarades, se mettre à l'abri de leur esprit taquin, de leur cruauté, il se montrait coopératif. Il les aidait à faire leurs devoirs et parfois rédigeait leurs punitions. Il n'avait ni frères, ni cousins, ni amis pour le soutenir face à ceux qui le tourmentaient. Son père, parti en France, aussitôt après sa naissance, n'était plus revenu au village.

_ C'est la bosse de son fils qui l'a précipité dans l'exil et le désespoir, répétaient les mauvaises langues.

Hassan pleurait et sa mère lui disait :

« Ce n'est pas vrai. Il t'aimait beaucoup. Il est parti en France pour travailler. Et maintenant, il est peut-être mort. Voilà pourquoi nous n'avons plus de ses nouvelles. Ta bosse, c'est vrai que c'est un malheur, mon fils, mais c'est Dieu qui l'a voulu. Et puis, qu'est-ce que c'est une bosse ? Ce qui compte, c'est le cœur, et dans ton cœur, il y a la bonté, mon fils. Aujourd'hui, tu as le dos voûté, mais demain, au paradis, Dieu te récompensera en premier. Tu auras la splendeur des anges, mon fils. »

Pour aider sa mère, femme de ménage dans une famille française, Hassan, muni d'une gargoulette et d'un godet, vendait de l'eau sur la place du souk, le jeudi, jour du marché. Comme ses camarades ne l'accueillaient pas volontiers dans leurs jeux, il restait à la maison. Il dessinait. Il lisait et relisait les livres et les illustrés, offerts ou prêtés par les employeurs de sa mère. L'école lui procurait des moments de joie intense. Pourtant le maître ne lui laissait passer aucune erreur, aucun faux pas. Et cela, Hassan ne se l'expliquait pas.

*A*u début, prenant Tarzan pour un innocent – à cause de sa taille et sa bouche ouverte – les élèves s'amusèrent à ses dépens : ils lui faisaient des farces, le tournaient en dérision à tout propos.

Par exemple, ils l'introduisaient dans leurs jeux et s'entendaient pour le malmener. Trop fier sans doute pour se plaindre ou pour protester, Tarzan imputait ses mésaventures à la malchance ou à sa gaucherie et continuait à jouer avec ardeur. Il se révolta un matin durant la récréation. Il se trouvait dans les cabinets quand, tout à coup, une pluie de sable mouillé s'abattit sur sa tête et son dos. Il se précipita dans la cour, cramoisi, hors de lui, et tomba nez à nez sur un élève qui souriait. Était-ce le fautif, un complice, ou simplement un témoin amusé ? Sans se donner la peine de poser de questions, il empoigna son camarade et lui envoya un coup de genou dans le ventre. Le garçon tenta de riposter, mais Tarzan eut tôt fait de l'étendre sur le gravier. Hurlements, pleurs, attroupement. Incapable de répondre au directeur, Tarzan reçut des coups de règle sur les doigts réunis en pyramide avant d'être mis au piquet sous le préau. Tarzan ne regagna pas la classe. Il resta dehors, collé au mur. Il eut tout le temps de réfléchir : dorénavant, il attendrait la fin des cours pour se battre dans la rue. Il se tint à cette résolution et, comme il cognait fort, les petits plaisantins le laissèrent en paix. Hassan éprouvait pour Tarzan une vive amitié. Il était heureux d'être assis à ses côtés. Il lui offrait des dessins, lui soufflait, l'aidait à faire ses devoirs. Un jour, ne voyant pas son ami arriver en classe, il se troubla et ne put se concentrer sur son travail. Il s'embrouilla si bien dans ses exercices d'arithmétique que le maître le frappa à le faire saigner des ongles. Le lendemain, apprenant ce que Hassan avait subi la veille, Tarzan dit avec douceur :

– Il ne faut plus que je manque l'école.

Hassan sentit monter en lui une émotion qui l'emplit de chaleur. Pourtant il ne saisissait pas pourquoi l'absence de son ami l'avait jeté dans le désarroi. Tarzan l'enveloppait d'un regard plein de lumière.

– Moi aussi, j'aime bien être avec toi, ajouta-t-il à mi-voix.

Jamais Tarzan ne taquinait Hassan. Une seule fois il avait parlé de la bosse.

– C'est vrai que tu es intelligent à cause de ta bosse ? Les autres disent qu'elle est remplie de moelle. Si cela était vrai, je voudrais bien avoir une bosse comme la tienne. Comme ça, je serais bon élève et mon père m'aimerait un peu.

Hassan garda le silence. Ses yeux s'embuèrent. Tarzan lui demanda pardon, convaincu de l'avoir blessé.

Tarzan ramassait les mégots trouvés sur son chemin. Il les effritait et avec le tabac recueilli confectionnait de longues cigarettes roulées dans du papier journal. Il se mettait à l'abri du regard des adultes et fumait. Pour éblouir son ami, il expulsait la fumée par les narines. Hassan refusait de l'imiter sans lui adresser de reproches. Lorsque Tarzan lui tendait la cigarette, il secouait la tête et reculait. Tarzan le considérait en plissant les paupières, puis s'esclaffait.

– Oui, je sais. Les mégots, c'est dégoûtant. Je risque d'attraper des maladies.

Apporte-moi des cigarettes, des vraies, et je ne toucherai plus aux mégots.

Le jour de l'Aïd, Hassan offrit à Tarzan un paquet de cigarettes entouré de papier transparent. L'avait-il acheté, trouvé ou dérobé dans une boutique ? Tarzan, tout à sa joie, ne posa pas de questions. Il souleva son ami au-dessus de sa tête et se mit à virevolter en chantant :

« Un paquet de vraies cigarettes ! Un paquet de vraies cigarettes que mon frère Hassan m'a apporté ! »

– Il y a vingt-quatre cigarettes dans ce paquet, expliqua Hassan. En fumant une cigarette par semaine, tu en auras pour plusieurs mois.

– Tu n'y penses pas ! Je vais tout fumer d'un coup !

À la stupéfaction de son ami, il décida de fumer sur-le-champ la totalité des cigarettes.

Sans perdre de temps, Tarzan appela deux garçons habitués comme lui aux mégots, et il déchira avec fébrilité le paquet. Les deux garçons fumèrent sans excès. Tarzan, en revanche, grilla cigarette sur cigarette. Son excitation était à son comble.

« Fumer, ce n'est rien! Il faut en plus avaler la fumée! C'est comme ça que font les hommes! »

Sa tête commença à tourner, et il finit par se sentir mal.

Hassan le regardait, impuissant. Les deux garçons, au contraire, l'encourageaient à aller jusqu'au bout:

– Tu as juré de fumer toutes les cigarettes! Tu n'es pas un homme si tu ne termines pas le paquet.

Tarzan devint blême. Il s'appuya contre un arbre et se mit à vomir, les yeux exorbités d'épouvante. Les deux garçons riaient en sautillant autour de lui. Hassan souffrait en silence chaque fois que son ami se trouvait dans une situation risible.

Un matin, Tarzan ne se présenta pas à l'école: sa mère, sur le point d'accoucher, l'avait envoyé chercher une sage-femme. Quand il arriva à l'école l'après-midi, il fit part à Hassan de son embarras. Que dire au maître? Comment lui expliquer tout cela en français? Hassan se creusa la tête et rédigea un petit texte: « Monsieur, ma mère est enceinte. Elle va accoucher bientôt. Ce matin, je suis allé avertir la sage-femme. » Tarzan apprit les trois phrases par cœur, mais, une fois en classe, sa mémoire le trahit, et il demeura bouche bée face au maître. Hassan voulait répondre à sa place, mais le maître lui ordonna de se taire. Pressé de parler, Tarzan s'empourpra, balbutia des mots sans suite : ma mère... le ventre comme ça... la femme qui tire le bébé... Il avança les mains devant lui, les ouvrit pour dire que sa mère avait un gros ventre. Mais comment expliquer le reste ? Ses gestes et ses paroles étaient de plus en plus extravagants. Les élèves riaient sans discrétion, encouragés par les sourires complices du maître. Hassan avait le cœur serré.

*A*u retour du beau temps, Tarzan, au soulagement de Hassan, se sépara de son grand manteau.

Hassan montra à son ami comment arranger sa chevelure pour être encore plus séduisant. Il lui procura une petite bouteille de brillantine. Il l'emmena également à la maison, plus d'une fois, pour lui cirer ses chaussures. Un jour, il le toisa d'un œil étincelant de malice et déclara :

– Maintenant, il est temps que tu tombes amoureux !

Tarzan resta songeur : cette préoccupation n'avait encore jamais effleuré son esprit.

– Tous les garçons sont amoureux, ajouta Hassan, persuasif.

– Et toi ? murmura Tarzan.

Hassan ne dit rien. Il se contenta de toucher sa bosse.

Hassan parla de Leïla, une fille de treize ans. Il l'aimait depuis longtemps, mais ne révéla rien de ses sentiments.

– Tu verras ! C'est la plus belle !

Et sans attendre, il enseigna à son ami le maintien à adopter, les gestes à faire, pour dévoiler à Leïla son amour : se retrouver, comme par hasard, sur le chemin de la fille ; lui adresser un sourire, une œillade discrète ; prendre un air rêveur ; fredonner une chanson sentimentale à la mode, une main dans la poche ou le pouce dans la boucle de la ceinture ; faire entendre des soupirs... Tarzan, pris au jeu de l'amour et de la séduction, se conformait avec docilité aux conseils de Hassan qui, posté derrière un arbre ou dans l'embrasure d'une porte, l'observait avec anxiété.

Un matin, prenant son ami à part, Hassan tira de son cartable un dessin d'une finesse extrême, auquel il avait travaillé plus d'une semaine en s'inspirant d'une carte postale exposée à la vitrine du libraire. Un homme et une femme rayonnants de bonheur et se tenant par les épaules, étaient assis sur un banc sous une guirlande de roses. Au bas du dessin,

Hassan avait calligraphié : le grand amoureux et Leïla.

– Ici, c'est toi. Là, c'est Leïla.

Tarzan écarquillait les yeux.

– Ce dessin, je vais l'envoyer à Leïla. Je le remettrai à une fille que je connais. Elle le glissera dans son casier.

Hassan confia le dessin à la fille qui, après l'avoir montré à Leïla, le présenta à l'institutrice en désignant l'expéditeur. Les filles de la classe s'étaient mises à rire et Leïla à sangloter : être aimée par un bossu ! On porta le dessin au directeur, et, ce jour-là, il ne fut question à l'école que du bossu et de sa singulière déclaration d'amour.

Hassan eut, comme punition, à recopier cent fois : « Je n'enverrai plus de message d'amour aux filles de l'école. » Pendant la récréation, alors qu'il recopiait ses punitions, Tarzan le rejoignit.

– Pourquoi n'as-tu pas dit au directeur que le grand amoureux c'était moi ?

– Toi... moi..., dit doucement Hassan.

– C'est vrai que toi et moi, c'est la même chose ! reprit Tarzan avec impétuosité, comme s'il venait soudain de percer un mystère longtemps porté en lui. C'est la même chose. Et quand Leïla me regarde, c'est aussi toi qu'elle regarde. N'est-ce pas ? Maintenant, tu ne te cacheras pas. Tu viendras avec moi. Quand elle passera, elle nous verra tous les deux.

Hassan sourit et se remit à écrire.

Tarzan passa l'été à la campagne auprès de ses grands-parents. Il ne revint au village qu'en octobre. Devant l'école, le jour de la rentrée, Hassan ne resta pas longtemps avec son ami. L'incertitude taraudait son cœur : et si Tarzan refusait de s'asseoir à ses côtés ? Il avait dans son cartable les dessins faits pendant les vacances. Il désirait les montrer à son ami, mais ce doute, qui s'était insinué en lui avec force, le rendait malheureux, fuyant. Le visage de Hassan ne s'éclaira que lorsqu'il entendit Tarzan, avant d'entrer en classe, lui annoncer :

– Ne t'en fais pas, Hassan ! Je vais courir pour avoir une table près de la fenêtre pour nous deux !

En janvier, Tarzan apprit à Hassan que son père venait d'être muté aux garages Mota de Sétif et que bientôt toute la famille le suivrait dans cette ville. Cette nouvelle laissa Hassan vacillant, sans voix. Tarzan ne s'aperçut de rien. Il était heureux de pouvoir sous peu habiter la grande ville de Sétif. Il parla des larges rues au nombre incalculable, des maisons à étages, des magasins, des voitures, de l'immense marché, de la légendaire fontaine aux quatre bassins surmontée d'une femme en pierre aux seins nus. Ces détails, il les tenait de la bouche du chauffeur du car. Comme Hassan demeurait muet, Tarzan le poussa d'une bourrade en s'écriant :

– Ne t'inquiète pas ! Je viendrai te voir pendant les vacances. J'arriverai le matin et je repartirai le soir. C'est facile puisque je ne paie pas le car. Et si quelqu'un t'embête, tu me le diras et j'irai lui donner une raclée. N'est-ce pas que je suis fort comme Tarzan ?

Et saisissant Hassan par les aisselles, il le jucha sur son dos et commença à courir en imitant le vrombissement du car.

Deux semaines plus tard, Tarzan, accompagné des siens, prit place dans le car de sept heures. Hassan, appuyé contre un arbre, une brûlure dans la poitrine, regardait. Son ami, occupé à surveiller ses cadets, lui prêta peu d'attention. Mais quand le car démarra, il se retourna en souriant. Hassan bondit en avant et s'en alla à toutes jambes. Il emprunta un raccourci et atteignit le carrefour de Sétif en même temps que le car, hors d'haleine. Il agita les bras. Il appela. Le car roulait déjà à vive allure.

Ce matin-là, Hassan ne se rendit pas à l'école. Il s'assit sur le talus en face de la pancarte qui indiquait la direction de Sétif avec la distance à parcourir pour y arriver.

« Et si le car tombait en panne comme l'autre année ? pensa-t-il tout à coup ; les voyageurs seraient obligés de revenir au village à pied... »

Longtemps, il scruta la route grise qui se perdait au loin, dans une série de lacets, à flanc de montagne. Le froid était piquant en dépit du soleil étincelant. Hassan se serra au creux de sa douleur, et peu à peu son corps sombra dans la torpeur. Son imagination seule vivait, effervescente, sans balises, comme dans un rêve.

Il se suspend à l'échelle arrière du car. Il plaque son visage contre la vitre pour voir son ami, installé parmi les voyageurs. Il veut le saluer une dernière fois ; mais Tarzan, indifférent ou absorbé par quelque pensée mystérieuse, ne bronche pas. Hassan hurle son prénom, tambourine sur le verre. Tarzan demeure sans réaction. On le dirait statufié. Mais son père, assis à ses côtés, en tenue de mécanicien maculée de cambouis, regarde à l'arrière du car et découvre Hassan. Il fronce les sourcils et se précipite vers lui, les poings menaçants. Il gesticule. Il crie. Hassan, les dents plantées dans la lèvre, refuse d'obéir, de lâcher les barreaux de l'échelle. Le mécanicien devient comme fou, et pourtant, ni son fils, ni le reste des voyageurs ne se retournent. L'homme abat ses deux poings sur la vitre qui vole en éclats. L'enfant roule au milieu de la route, et le car, tel un oiseau fantastique enfin libéré, monte dans le ciel pour disparaître en un clin d'œil.

Hassan émergea lentement de sa rêverie. Son dos lui faisait mal. Il considéra le carrefour désert, se remit debout, et regagna le village, sans hâte, une boule de larmes dans la gorge.

« Il a dit qu'il reviendrait... »

Tarzan ne revint pas au village. En juillet un commerçant, propriétaire d'un camion, emmena Hassan à Sétif. L'enfant l'avait tant supplié.

– Les garages Mota, c'est tout droit. Traverse trois rues, puis tourne à gauche. Fais attention aux voitures. Et pour revenir, si tu perds ton chemin, demande le grand marché. Le camion sera là.

Hassan n'avait fait le voyage que pour revoir son ami. Et maintenant qu'il s'approchait des garages Mota, il n'était sûr de rien. Et si Tarzan ne s'y trouvait pas ? Son père y travaillait sans aucun doute, mais lui... Il sentit son sang battre à ses tempes. Tarzan était là, devant le garage, coiffé d'une casquette, les mains posées sur le guidon d'une bicyclette. Hassan se mit à rire, et des larmes de joie se formèrent au bord de ses paupières. Mais Tarzan n'ébaucha pas un geste, ne prononça pas un mot, et Hassan n'osa plus avancer.

– Je suis Hassan. Oui, Hassan, bredouilla-t-il d'une voix éteinte.

Tarzan ne répondit pas. Au même moment, son père, en tenue de mécanicien arriva avec un panier qu'il fixa sur le porte-bagages de la bicyclette.

– Ne fais pas tomber le panier et ne traîne pas en route ! Tout droit à la maison ! As-tu entendu ?

Tarzan monta sur la bicyclette et s'éloigna sans jeter un regard à Hassan qui recula en titubant jusqu'à une pile de pneus abandonnés. Les yeux du mécanicien tombèrent sur l'enfant.

– Que veux-tu, petit ? Tu attends quelqu'un ?

La voix de l'homme était presque paternelle. Hassan le regarda.

– Non. J'attends personne. Je veux aller jusqu'au grand marché. C'est par là ?

En découvrant le dos voûté de l'enfant, l'homme mumura des paroles de compassion. Hassan marchait comme un somnambule. Sous les arcades, il fut pris à partie par des cireurs qui se moquèrent de sa bosse. Par mégarde, il avait heurté leurs caisses, posées au milieu du chemin. Le camion du commerçant attendait devant le marché. Hassan s'assit sur le parechocs, la tête vide. Le commerçant s'étonna.

– Alors, petit ! Tu as déjà épuisé tous les charmes de Sétif ? Va encore te promener. Nous repartirons seulement dans deux ou trois heures. Ne crains rien. Je t'attendrai.

Hassan eut un léger sourire. Il n'était venu à Sétif que pour revoir son ami. Il ne l'avait pas retrouvé. Maintenant, il lui tardait de rentrer au village.

Tout à coup Tarzan surgit comme par enchantement. Hassan, retiré au-dedans de lui-même, ne l'avait pas vu s'approcher. Son ami l'enserra dans ses bras en éclatant de rire.

– Mouloud ! Mouloud !

Hassan, le visage en feu, cherchait en vain ses mots. Tarzan riait encore plus fort.

– Oui ! C'est moi ! Mouloud ! Tarzan ! Tu pensais que je t'avais oublié ? C'est à cause de mon père que je n'ai pas pu te parler tout à l'heure. Voilà ! Je pense à toi souvent et surtout chaque fois que j'ai un devoir à faire. Je me dis : ah ! si Hassan était là ! Maintenant, viens ! Nous allons manger des pois chiches bouillis, saupoudrés de cumin, là-bas, près du cinéma. Puis, nous irons faire un tour sur la bicyclette de mon père. Je te montrerai la fontaine aux quatre bassins avec sa femme de pierre aux seins nus.

LE LOCATAIRE

Elsa-Maria Mazigy

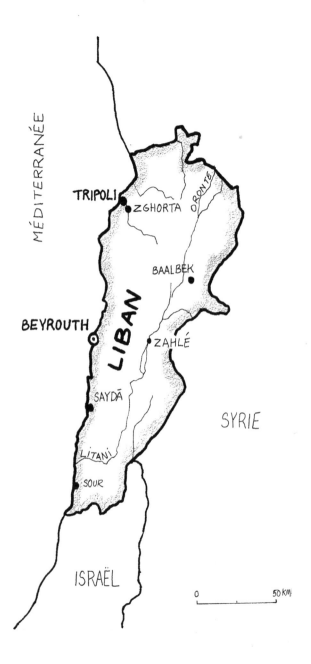

MÉDITERRANÉE

TRIPOLI
● ZGHORTA

O
R
O
N
T
E

LIBAN

BAALBEK
●

BEYROUTH
○
● ZAHLÉ

SAYDĀ
●

SYRIE

LITANI

SOUR
●

ISRAËL

0   50 KM

*J*uillet 1986. Ma ville ployait sous un soleil de plomb. Une trève précaire s'était installée dans le pays en guerre. Les gens, terrés dans les abris depuis plusieurs jours, recommençaient à s'approvisionner à la faveur d'un cessez-le-feu capricieux, dédaignant la menace d'une reprise des combats que souvent rien ne justifiait. Un vent de folie avait balayé le centre ville où j'habitais. Je n'osais risquer un regard dans la rue, de crainte qu'il ne heurtât les immeubles où la violence avait creusé des trous béants et noirs. La ville avait craqué mais les hommes gardaient un semblant de sérénité incompréhensible, puisé dans un optimisme dément.

C'est ainsi, comme pour rompre ce modus vivendi, que survint le nouveau locataire. Je le vis de mon balcon tandis que le concierge, un petit homme chauve et jovial, lui montrait les lieux. J'en déduisis que mes voisins, un jeune couple parti en voyage, avaient probablement sous-loué leur appartement.

Un peu étrange, mon nouveau voisin, quoique sa tenue vestimentaire fût des plus ordinaires. Était-ce le nombre de valises qu'il traînait qui m'avait impressionnée ? ou plutôt son choix d'habiter le quartier le plus chaud de la ville, où les combats faisaient rage habituellement et que les habitants désertaient périodiquement pour des régions plus sûres.

Le quotidien se poursuivait et j'en vins à oublier le nouveau locataire jusqu'au jour où je remarquai que son balcon avait fleuri comme par magie. Des plantes superbes se disputaient l'étroitesse de la place, grimpant très haut comme pour narguer d'éventuels obus qui auraient pu risquer de s'y hasarder. Quel besoin ressentait un homme seul d'étaler toute cette luxuriante végétation ? Armé de jumelles, caché entre deux branches touffues, le nouveau locataire promenait son regard de l'autre côté de la rue. Intriguée, je tentais de le chasser de mon esprit et vaquais à mes occupations en me disant que l'oisiveté m'avait rendue bien curieuse. Pourtant, le soir même, j'eus une nouvelle confirmation de la singularité des agissements de mon voisin. Je me réveillai en pleine nuit sur des visions cauchemardesques. J'entrouvis mes paupières alourdies et j'entrevis une lumière fugace danser devant mes yeux sur le mur de ma chambre. Le cœur battant, je me levai et écartai le rideau. Ce que je vis dans le noir me glaça ; mon voisin promenait la lumière d'une torche électrique sur le pâté d'immeubles environnants en jetant des regards furtifs, comme pour s'assurer qu'il n'était vu de personne. Le tremblement de ma main retenant le rideau me trahit probablement car j'entendis une voix basse et gutturale murmurer :

– Mademoiselle, Mademoiselle...

C'en était trop pour mon cerveau rudement éprouvé par la proximité de cet inquiétant personnage. Affolée, je m'affalai sur mon lit. Seuls ces mots martelaient mon esprit enfiévré : « c'est un espion, c'est un espion... » Les seigneurs de la guerre les avaient disséminés un peu partout dans la ville, et c'en était un parmi tant d'autres... Il donnait des signaux lumineux aux combattants de l'autre bord... Le doute s'insinuait en moi de plus en plus tenace. Le lendemain, quelle ne fut pas ma surprise de le voir frapper à ma porte et se présenter cérémonieusement.

– M. Mercure...

Il jugea utile de me fournir une explication, guère convaincante d'ailleurs, sur son comportement de la nuit précédente : le carburant s'était fait rare et les voleurs, profitant de l'obscurité, dévissaient les ouvertures des réservoirs et s'employaient à les vider pour revendre leur contenu au marché noir. M. Mercure dirigeait son jet lumineux sur le parking afin de décourager d'éventuels voleurs sévissant dans le quartier. Je l'observais à la dérobée, son corps chétif était drapé d'une large cape noire et sa petite tête coiffée d'un chapeau bizarre. Je notais qu'il avait un missel sous le bras. Il avait l'air déguisé plutôt qu'habillé. Le dimanche, jour du Seigneur et de la messe, justifiait sans doute son accoutrement... J'eus un choc en rencontrant son regard. C'était la première fois que je l'observais de si près.

Ses yeux immenses étaient voilés de longs cils, comme pour cacher une profonde blessure ou une faute inavouable. Je trouvais indécent qu'un homme eût de si beaux yeux dans un visage aussi ingrat. Perdue dans ma contemplation, je l'entendis à peine murmurer d'un ton précieux et théâtral :

– Je dois partir, sinon je serai en retard à la messe ; le bon Dieu ne me le pardonnerait pas !

Cet homme appartenait à un autre monde. Il me faisait étrangement peur. Que cachait-il ? J'avais besoin d'en savoir davantage, et chaque jour j'en apprenais un peu plus. À certains moments, je me secouais en me disant que mes craintes irraisonnées étaient le fruit de mon imagination débridée.

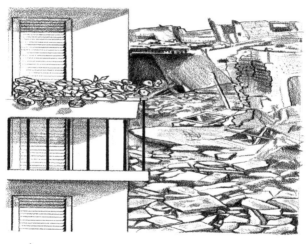

À partir de cette rencontre, je me mis à guetter, malgré moi, le moindre de ses gestes. J'avais aménagé dans ma chambre un petit observatoire où je passais le plus clair de mon temps, de sorte qu'aucun geste de mon voisin ne m'échappait. Que de fois, accoudée à mon balcon, je le devinais enfoui dans sa verdure, mais je n'osais l'observer avec trop d'insistance de crainte d'éveiller ses soupçons. Pourtant le hasard me servit merveilleusement bien. Un matin, me croisant dans la rue, il interrompit le lourd silence pour me dire :

– S'il vous plaît, Mademoiselle, auriez-vous un roman à me prêter ?

Ma réponse fusa, spontanée :

– Que diriez-vous d'un roman policier ?

Et une idée saugrenue ayant germé dans ma tête, j'ajoutai :

– Dans cinq minutes, vous l'aurez.

Je me ruai à l'intérieur et choisis dans ma bibliothèque un roman policier. Je pris une profonde inspiration et j'en arrachai très calmement la dernière page. Cet homme était sûrement un espion et je me sentais capable de tout pour en avoir le cœur net. Quelques minutes plus tard, je sonnai chez lui et lui tendis le livre. Il se confondit en remerciements. Rentrée chez moi, je le vis reprendre sa place, ouvrir le roman en son milieu et risquer de temps à autre des regards furtifs et sombres de l'autre côté de la rue. Je le guettai pendant longtemps, puis fatiguée, je m'assoupis en pensant à mon étrange voisin. Quelques jours plus tard, il me rendit mon livre en disant :

– Merci Mademoiselle. Ce roman est passionnant... et la fin, surtout la fin ! Je m'y attendais si peu !

S'était-il douté de ma supercherie ? J'eus peur, une peur qui me prit là au creux de l'estomac. J'étais en proie aux pensées les plus folles. Si au début, j'avais essayé de deviner qui il était, maintenant j'étais sûre d'avoir affaire à un homme dangereux. Le rythme avec lequel les événements se précipitaient avait embrouillé mon esprit. J'avais la certitude qu'il n'avait point lu le roman. Comment pouvait-il être aussi enthousiaste en parlant d'un roman dont une page manquait ; le dénouement gisant soigneusement plié dans le tiroir de ma bibliothèque ! Et pourtant, il n'avait l'air nullement troublé. Il était plutôt serein, presque heureux.

Quelques jours plus tard, la trêve fut rompue. On entendit les coups de kalachnikov déchirer l'air. M. Mercure, nullement concerné lavait sa voiture à grande eau et l'astiquait furieusement en la couvant amoureusement. Pourtant ce n'était pas la sienne, mais le luxueux coupé des anciens locataires... Quel besoin avait-il de vouloir faire croire que c'était sa voiture ? Il termina sa tâche et, remontant chez lui, se mit à se promener sur son balcon, le torse bombé, en suivant d'un œil expert et dédaigneux la trajectoire des obus meurtriers qui tombaient aux alentours... Était-il fou pour s'exposer ainsi ? Que voulait-il prouver ? Je ne savais plus à qui s'adressait ce numéro de fanfaronnade quand, soudain, j'aperçus sur sa chemise blanche une tache... une tache rouge qui n'en finissait pas de s'élargir. Il se mit à gesticuler comme une marionnette affolée, puis je le vis glisser doucement, un sourire aux lèvres, le regard rivé sur le balcon de l'autre côté de la rue... Je m'élançai... on avait l'habitude, dès que les coups s'intensifiaient, de garder les portes d'entrée ouvertes et l'on se mettait dans les cages d'escalier où plusieurs épaisseurs de mur nous sécurisaient.

Je pénétrai dans le logement de M. Mercure que je connaissais bien, car j'avais rendu visite à maintes reprises aux anciens locataires. Quand j'atteignis la porte de la chambre donnant sur le balcon où il gisait, je restai là debout, figée de stupeur : la chambre était largement occupée par un décor fantastique. Un drôle d'échafaudage se dressait devant moi. Je me trouvai face à un étrange autel auquel j'eus une envie folle de toucher. Je n'osais point le faire de peur qu'il ne fût en carton et ne s'écroulât à mes pieds. Sur l'autel, étaient posés deux bougeoirs ainsi qu'une photographie. À quel dieu mon étrange voisin vouait-il ce culte ? Je me rapprochai doucement. Juste ciel ! C'était la photographie de la dame qui habitait de l'autre côté de la rue, la petite dame que j'avais aperçue souvent en train d'observer M. Mercure en riant doucement. Les images défilaient dans ma mémoire. Je compris la raison de ses longues heures de guet, de ses déguisements et de ses agissements burlesques... Le pauvre homme ne savait plus quoi faire pour se faire remarquer de sa dulcinée. Comme si, en notre siècle, il en fallait tant pour se faire aimer... J'eus un long frisson, un froid sinistre m'envahit. Cet homme était venu là, poussé par une passion maladive, juste le temps d'une accalmie, uniquement pour une dame de l'autre côté de la rue...

LES ENFANTS DU LAC TANA

Pius NGANDU Nkashama

ÉGYPTE

MER ROUGE

NIL BLEU
(BAHR-EL-AZRAK)

SOUDAN

ASMARA

MAGALIÉ

LAC
TANA

DJIBOUTI

GOLFE
D'ADEN

NIL BLEU

ADDIS-
ABEBA ⊙

DIRÉDAOUA

ADAMA

ÉTHIOPIE

LAC
ABAYA

CHÉBÉLI

DAOUA

OUGANDA

KENYA

SOMALIE

OCÉAN
INDIEN

0   300 Km

I. Les eaux bleues du lac

*A*u cœur de l'Éthiopie éternelle, coincé entre des hautes montagnes, le Guna et l'Amedamit, s'étale le lac Tana.

Ses eaux ont engendré un fleuve : le Nil bleu. Il descend du Tississat et du Gilgel Abbaï. Il s'écoule par la Goddebe dans le Gondar. Il brave ensuite les déserts du Soudan, avant de traverser hardiment les falaises par Assouan. Puis il inonde les méandres de Zagazig et de Tantah en Égypte. Depuis les temps des Pharaons jusqu'au siècle actuel.

Tout autour du lac, des sanctuaires ont été érigés au cours des millénaires ; ils témoignent de l'histoire des Empires successifs de l'Éthiopie.

Tesnaye Habte est l'enfant du Tana. Le château où il est né est situé sur un promontoire. De là-haut, Tesnaye aime à contempler le village dans la vallée : la vue est prenante de beauté. De là-haut il se sent protégé des calamités de la terre.

Des vaches de labour passent avec indolence sur le sentier minuscule. Le rythme des sabots sur les cailloux fait un bruit régulier. Elles meuglent de temps en temps, lorsque le petit vacher les pousse loin des touffes de cresson avec son bâton. Il s'appelle Sisaye Kebede. Tesnaye Habte connaît bien le petit vacher. Il l'a vu mener ses deux vaches malingres par les mêmes sentiers tortueux tant de fois. Il admire sa force et sa patience. Mais ses parents lui interdisent de parler aux enfants de la vallée.

Parfois, Tesnaye ne résiste pas à l'envie de courir derrière le petit vacher. Il se dissimule dans les buissons. Mais lorsqu'il se trouve bien près, il éprouve de la crainte. Tesnaye observe Sisaye Habte avec affliction car le petit vacher est si maigre ! Les côtes lui sortent de la poitrine. Des os saillent sur ses épaules nues. Les prunelles de ses yeux sont ardentes. Elles lancent des lueurs fauves. Tesnaye Habte voudrait lui parler. Un jour, il l'interroge maladroitement :

– Pourquoi es-tu si squelettique ? Tu es malade ?

– Nous sommes tous maigres chez nous. Mon père, ma mère et mes frères.

44

Une de mes sœurs était tellement faible, qu'elle s'est allongée un soir, et ne s'est plus relevée. Mes parents l'ont ramassée. Ils l'ont enroulée dans une natte et ils l'ont amenée très loin. Ils nous ont dit qu'elle est allée se reposer auprès d'*Egzi Habihaire*, le Dieu puissant qui a créé tout ce qui se voit.

– *Egzi Habihaire* vous la rendra un jour ?

– Ah, oui ! Ma mère affirme que quand elle reviendra, elle sera lumineuse. Avec des joues pleines et un ventre gros comme une calebasse. Là où elle est partie, elle doit vivre une vie merveilleuse. Pour sûr !

– Tu peux aller la rejoindre, si tu voulais ?

– Je ne dois plus me réveiller le matin, alors. Moi, je veux bien. Mais mon père dit que si je ne me réveille plus, personne ne pourra mener les vaches au champ à ma place. Et tout le village mourra.

Une brume s'est levée dans la vallée. Les eaux du lac ne brillent plus. Elles sont tellement bleues qu'elles donnent du vertige. Les amis du père de Tesnaye Habte soutiennent qu'elles sont hantées. Des monstres se déplacent dans les profondeurs et provoquent des vagues hautes comme des collines. Ces phénomènes ne s'étaient encore jamais vus auparavant. Bien au contraire, le lac Tana avait toujours été une merveille de la nature. Ses eaux remuaient avec le miroitement du soleil. Les *deacones* qui aident les prêtres dans les cérémonies y prophétisaient le monde du futur. Il fallait se signer trois fois pour s'en approcher. Se débarrasser des pensées impures. Éloigner le mal, la souillure. Avouer ses fautes pour obtenir la miséricorde de Dieu. Alors, des images resplendissantes se reflétaient au milieu des jacinthes d'eau et des nénuphars parfumés.

Depuis que des cadavres d'enfants faméliques ont été jetés dans les eaux, des ombres gigantesques épouvantent ceux qui s'attardent au crépuscule. Tesnaye Habte n'ose plus sortir au couchant du soleil pour contempler le Tana. D'autres diacres sont venus de très loin, et même de Lalibéla, la cité mère de toutes les Églises. Ils portent des longues soutanes noires. Ils ont des turbans surchargés de plis sur la tête. Père dit qu'ils entonneront des cantiques pendant quarante jours et quarante nuits, pour chasser les fantômes. Lui, Tesnaye Habte, il aimerait assister à leur procession. Ils se rendront en haut des falaises dans les ténèbres. Ils brandiront leurs bâtons de patriarches, des *mequomiya* sacrés. Ils agiteront les croix dorées, les *meskalla*. Tout sera illuminé par des cierges, des candélabres, avec des étincelles sur leurs sandales aux boucles d'or. Tesnaye avait toujours rêvé aux magnificences des liturgies solennelles.

Ce soir-là, le soleil flamboie jusqu'à l'étourdissement. Tesnaye Habte se sent coupable : il a parlé à Sisaye Kebede. Il a franchi les remparts d'eucalyptus qui bordent la concession paternelle. Un seigneur de la classe noble, son père. Le temps n'est pas loin, où le *Ras* Tefari lui-même, le Roi des Rois, montait jusqu'à leur citadelle. Il était juché sur un cheval blanc. Sa cape pourpre, un large *gabi* étincelant, lui conférait des allures majestueuses. La garde impériale caracolait dans le piaffement des alezans de race. Les écuyers et les palefreniers de la cour se bousculaient le long des haies de flamboyants et de cactus géants. Les épouses des courtisans paradaient avec grâce. Son père lui semblait immense dans ses diadèmes et ses brodequins de cuir luisant.

Depuis, la montagne interdite du Bahar Dar a tremblé sur ses racines. La souffrance s'est abattue sur l'univers. Les moutons bêlent tristement dans des enclos dévastés. Des mules pelées mâchonnent interminablement des épluchures coriaces. Des grappes de mouches vertes se suspendent à leurs paupières purulentes.

Les esclaves affranchis et les *baria* métayers se sont éparpillés dans le délire des émeutes. Avant de s'enfuir, ils ont saccagé les étables et incendié les granges à mil. La terre tremblait sous leurs pieds.

Le château semble à présent un espace vide. Les murs ont commencé à se casser sur leur longueur. Les ardoises se brisent et se désagrègent, puis s'émiettent totalement. Les boiseries se fendillent sur les rampes et les lustres. Les toitures craquellent de partout. Les éperviers tournoient aux faîtes des arbres avec des croassements lugubres. Et les eaux du lac ont perdu leur limpidité. La désolation se propage, comme si la joie avait déserté les cœurs des hommes.

Maintenant, le sol est froid sous les pieds de Tesnaye Habte.

Les bêtes fabuleuses des légendes que lui récitait sa vieille marraine pour l'endormir ne l'effraient plus. Un siècle s'achève dans la consternation du ciel.

Tesnaye Habte ne veut plus rappeler ces souvenirs attristés. Quelque chose se serre étroitement en lui. La solitude peut-être. Le lac Tana ne tangue plus. Des visions prodigieuses ne surgissent plus de ses abîmes, entre les feuilles larges des nénuphars.

Sans s'en apercevoir, Tesnaye Habte est descendu jusqu'au pied de la montagne. Il s'est éloigné du château, qui lui apparaît maintenant sur son promontoire inexpugnable, lourd et féroce dans un soleil terne. Sisaye Kebede l'attend près d'une grosse pierre. La terre ici est rouge. Des crevasses profondes zèbrent le sol. Un tumulte s'élève des cabanes cachées sous les eucalyptus et les acacias.

– Tu as fui de chez toi, Tesnaye ? Si tes parents savaient que tu viens jusqu'ici, ils te puniraient, tu sais.

– Je ne veux plus remonter là-haut, Sisaye Kebede. J'ai peur !

– Pourquoi avoir peur ? Tu es le seigneur, le *Gettà* !

– Il n'y a plus de seigneurs, Sisaye. L'Éthiopie s'est effondrée. L'Empire s'est morcelé. De là-haut, j'ai souvent le sentiment que nous allons nous précipiter dans les eaux du lac. Fuyons ensemble cette vallée maudite.

II. Des défenseurs de l'Empire national

Devant l'immeuble du tribunal de province, des camions militaires aux couleurs criardes bouchent l'entrée. Un groupe de jeunes gens se bouscule à l'intérieur. Des tables basses sont installées près du portail. Des soldats en tenue de combat et de camouflage flânent avec nonchalance. Ils sont vêtus de treillis vert olive et portent des bérets rouges. Des femmes se tiennent près des marches du perron. Elles ont des mines effrayées. Des enfants maigres sont accrochés à leurs robes déteintes, en soie rouge brodée de motifs. Elles ne parlent pas.

Tesnaye Habte et Sisaye Kebede se sont approchés timidement du bâtiment. Ils n'osent pas poser des questions. Des silhouettes remuent derrière les vitres. Des têtes qui apparaissent et disparaissent presque simultanément. Des murmures indistincts parviennent à leurs oreilles. Ils sont amortis par le crissement des feuilles sèches sur les pavés disjoints. Soudain, une voix aboie dans leur tête.

– Vous deux là-bas, venez par ici. Allez, n'essayez pas de fuir. Je vous ai vus, ne vous cachez pas. Inutile. Vous, les deux voyous.

Tesnaye Habte et Sisaye Kebede comprennent qu'on s'adresse à eux. La peur envahit leur ventre et leur poitrine ; leurs jambes deviennent molles.

– Qui ? Nous ne sommes pas d'ici. Nous n'appartenons pas au village.

– Nous venons du château, là-haut sur la falaise. Sur le sommet de la montagne.

– Nous ne vous avons rien fait. Nous ne pouvions pas deviner...

– Ne discutez pas, sales gosses. Avancez ! À trois, je tire. Vous n'entendez pas ?

Tesnaye n'attend pas la suite des événements.

Dans sa tête, une seule idée : « fuir, fuir à tout prix ! » Sisaye Kebede le suit en criant :

– Arrête-toi, Tesnaye, je t'en prie. Ne cours plus, je t'en conjure. Ils vont nous abattre, si tu continues.

Le soldat les poursuit. Il arme son fusil et l'enclenche avec un claquement sinistre. Le bruit des pieds est alourdi par une détonation assourdissante. Tesnaye et Sisaye se jettent à terre. Le militaire hurle.

– Première sommation. À la deuxième, je vise dans les mollets, mes petits gars. Je vous ai prévenus. Alors, vous venez ou il faut que j'aille vous chercher ?

Tesnaye se traîne sur ses genoux meurtris. Il n'ose pas pleurer. Sisaye lui tient la main et l'aide à se relever. Ils font face au soldat qui les regarde avec un rire démentiel. Ils ne tremblent plus.

– Approchez, vauriens. Vous êtes tout à fait ce qu'il nous faut. Le pays a besoin de bras. Vous voilà, sales garnements. Vous devenez en ce moment les défenseurs de l'Empire national. Éthiopia tikdem !

Sisaye bredouille :

– S'il vous plaît, monsieur l'officier, ayez pitié de nous. Nous n'avons rien fait de mal. Nous voulions juste regarder ce qui se passait dans l'immeuble du tribunal. Nous ne savions pas que c'était interdit.

– Avancez seulement, sales petits bâtards. Vous allez pouvoir parler à un véritable Officier avec des galons et même un gros ventre.

Le soldat les pousse brutalement par la crosse de son fusil. Ils se soutiennent pour ne pas trébucher.

À l'intérieur de la bâtisse, les bancs ont été déplacés. Des jeunes gens de leur âge forment deux files devant les tables basses, autour desquelles siègent des officiers de l'armée. Ils sont reconnaissables par les épaules voûtées et le sourire arrogant. Le silence est pénible. Le militaire les fait marcher jusqu'à une petite estrade. Il les présente aux recruteurs avec un cri de triomphe.

– Encore deux volontaires, mon colonel. Nous en avons assez maintenant.

– Apporte les registres. Nous avons enfin le contingent prévu par le haut commandement. Des chiffres, mon cher. Des chiffres, c'est tout ce qu'ils nous demandent. Après, ils peuvent aller se faire bousiller à Asmara ou ailleurs !

– Mais, d'où les sortez-vous, ces squelettes ? Ces maigrichons vont nous crever sur les bras. Ce n'est pas un mouroir, la caserne ! Mais au point où nous en sommes même des nains hottentots feraient l'affaire !

– Avancez là, mes gars. Bons pour le service. Mettez le tampon, et on ne discute pas. Vous êtes enregistrés dans le bataillon 112. Le groupe de choc. Et vous en aurez, des chocs. Je ne vous souhaite que cela. Vous êtes envoyés au front, immédiatement. Vous ferez vos exercices d'artillerie sur le champ de tir, au milieu des mitrailles. Si vous en sortez vivants, vous avez de la chance.

– Oh là là ! Je suis exténué. Allez, on embarque. Cela suffit pour aujourd'hui. Qu'ils aillent se faire descendre par les rebelles du F.E.L.P., je n'en ai rien à foutre !

Leurs rires impitoyables !

Les jeunes mobilisés sont parqués dans le fond de la salle. Un antre obscur, où rampent des salamandres. Des fumées se dissipent dans les toiles d'araignées. Des soldats déboutonnés leur donnent des gobelets pleins d'alcool. Dans un coin, Tesnaye Habte et Sisaye Kebede espèrent que cette farce insupportable s'arrêtera là. Ils s'étreignent affectueusement.

Les portes s'ouvrent sur un crépuscule horrible. Autour d'eux, tout est devenu torride.

III. Des rebelles

Les gros camions militaires avancent péniblement sur la piste d'argile. Prisonniers derrière des bâches opaques, les garçons ne voient rien de ce qui se passe à l'extérieur. Ils étouffent de chaleur.

Des gamins ramassés dans des villages épars. Ils ne savent pas vers quel destin les emmène ce convoi singulier. Ils n'ont même pas vu que la nuit était tombée derrière les collines. Vaincus par le sommeil ils roulent les uns sur les autres au rythme du balancement cynique des véhicules.

Sisaye Kebede serre fortement la main de Tesnaye Habte. Il la sent frissonner dans la sienne, prise d'une panique insurmontable. Ils sont unis dans une même frayeur. Depuis combien de temps roulent-ils ainsi vers l'inconnu ? Les images de la guerre les assaillent par moments. Elles sont intenses d'inquiétude. Mais Tesnaye ignore si elles sont réelles, ou si elles le hantent dans le cauchemar. Il se blottit contre Sisaye, à la recherche d'un peu de réconfort.

Tout à coup, des explosions inattendues se répercutent contre le véhicule, suivies des détonations de fusils mitrailleurs. Tesnaye connaît mal les bruits de la guerre. Là-haut sur la montagne, dans les nuages du ciel, il entendait parfois comme des coups de tonnerre. Mais tout cela était loin. Maintenant le bruit résonne atrocement à l'intérieur de ses oreilles. Tesnaye ferme les yeux et ses mains s'accrochent nerveusement à tout ce qu'il peut saisir dans le noir.

Les garçons se heurtent dans une violente secousse. Ils sont projetés les uns contre les autres. Des flammes rouges éclatent de partout. Le camion quitte la piste et roule dans un ravin. Partout des explosions, des jurons, des hurlements et des râles d'agonie. Et cette odeur d'incendie qui pique dans le nez.

– Tiens-moi fort, Sisaye. Ne me laisse pas seul. Où sommes-nous ? Qu'allons-nous devenir ? Parle-moi.

– Ne crains rien, Tesnaye. Je suis près de toi.

– Promets-moi que tu me ramèneras là-haut, sur la montagne. Je ne veux pas mourir dans la brousse, Sisaye Kebede.

– Là-haut, nous l'affrontons tous les jours, la mort. Elle n'est pas terrible, tu sais. Les yeux se ferment, lentement. Les doigts se raidissent un peu. Le souffle s'accélère, puis s'arrête. Doucement. Et en dedans de toi-même, tu aperçois une grande lumière. Éclatante, éblouissante. Elle ne brûle pas. Elle apaise, elle t'illumine. Elle t'enveloppe et t'emporte dans le pays de l'éternité. Après, tu ne meurs plus. Tu t'endors, parce que tu sais que tu ne mourras plus jamais.

– Pourquoi les enfants pleurent-ils alors pour ne pas mourir ? Écoute-les Sisaye.

– J'ai vu ma sœur, avant qu'ils ne l'enroulent dans sa natte. Un petit spasme. Elle était belle, et tellement calme. Son front brillait étrangement. Elle nous regardait. Puis elle s'est assoupie. Et le matin...

– Ne sois pas horrible, Sisaye Kebede. Là-haut dans la citadelle, ils nous éloignent quand la mort rôde pour frapper. Ils ne nous amènent que lorsque le corps est déjà enduit de baumes, de musc et de benjoin. Nous n'avons pas le temps de trembler, ni de nous effrayer.

Autour d'eux des rescapés s'enfuient en dévalant les pentes des roches. Des grosses pierres roulent précipitamment. Tesnaye Habte et Sisaye Kebede les suivent sans trop savoir où ils vont. Ils sont hébétés de fatigue et de stupeur. D'autres hurlements affolés éclatent lorsque les véhicules s'enflamment dans un brasier géant. Sisaye comprend.

– Des rebelles, Tesnaye. Ils attendaient le convoi. Une embuscade. Écoute les coups de fusil. Ils mettent le feu aux camions.

– Qu'allons-nous devenir ?

– Attendons le jour. Peut-être que le soleil nous montrera le chemin.

– Nous devrions marcher.

– Suivons une étoile, comme quand nous conduisons les vaches dans les champs. Tiens ! Celle-là par exemple. Elle est plus brillante que les autres. Tu sais, dans la vie, il faut toujours choisir son étoile. Et s'y accrocher très fort. Un moment de distraction, tu perds ton itinéraire.

– Comment as-tu fait pour connaître tant de choses ? Nous, là-haut, nous étudions les principes du Kébra Negast, le Livre des lois des Empereurs. Nous récitons à longueur de journée des codes millénaires, nous écoutons les légendes sacrées des dynasties royales, et nous discutons de l'ordre intemporel des astres dans l'univers.

– Nous aussi, tu sais. Mais nos légendes à nous sont tellement tristes. Elles sont remplies de toutes les abominations du monde. La faim, la maladie. Les forces du ciel se déchaînent et nous écrasent. Elles nous achèvent dans la misère. Alors, nous luttons, nous serrons les poings. Mais un jour il ne nous reste plus qu'à nous allonger dans la poussière. Attendre que la paix descende et nous recouvre tout à fait.

– Ta voix est triste. Est-ce à cause de la mort autour de nous ?

– Nous avons toujours rêvé à l'univers de l'au-delà, sans compassion. De l'autre côté de la nuit quand l'horizon s'efface pour libérer un grand éclat de lumière. Des choses merveilleuses. Des délices que personne n'a encore soupçonnées. La félicité première.

La béatitude des bienheureux est là. Des chants mélodieux. Les chœurs des anges et des séraphins. Dans la mort, aucune peine ne peut nous atteindre.

Tesnaye Habte fronce les sourcils.

– Ne parle plus, Sisaye.

– Toi aussi, repose-toi maintenant. Demain, la route sera longue. Nous sommes tout seuls à présent.

Les explosions se sont arrêtées. Les crépitements de l'incendie se font encore entendre. Des reptations dans les buissons. Des lueurs soudaines qui clignotent. Ils veulent garder les yeux ouverts dans la nuit.

C'est dans cette posture que la lumière du soleil les surprend. Les ombres s'évanouissent dans un matin quelconque, aux couleurs terreuses. Ils découvrent un pays bizarre. Les montagnes ont disparu. Le sable ocre se prolonge à l'infini.

Un bruit grandissant les fait sursauter. Une jeep militaire dévale la pente dans un nuage de poussière. Tesnaye et Sisaye n'ont vu que les mêmes uniformes vert olive, les casquettes sales des soldats. Puis, la bouche hideuse d'un gros fusil qui crache le feu. Ils n'ont pas eu le temps de réagir.

Tesnaye Habte s'abat lourdement en retenant un gémissement. Une brûlure l'a mordu dans la cuisse. Il ne sait pas s'il en meurt, ou s'il n'est que blessé. Sisaye Kebede se jette sur lui pour le couvrir. La jeep s'évanouit dans un tourbillon de poussière, comme si elle n'avait jamais existé. Les rejets de l'armée et les débris des déserteurs en débandade. Ils sèment la mort au hasard de leurs vagabondages. Ils ont le regard vide des fugitifs qui n'ont plus de terre.

Tesnaye et Sisaye se relèvent en titubant. Ils se tiennent toujours par la main.

IV. Un cortège extravagant

La blessure de Tesnaye ne saigne plus. La cuisse lui fait cruellement mal, mais la balle est passée loin de l'os.

Tesnaye et Sisaye les aperçoivent au moment où ils sortent du petit bois. Ils forment un cortège extravagant. Ils semblent venir d'une planète égarée. Les hommes avancent avec des mouvements saccadés, comme s'ils marchaient sur des objets fragiles. Ils étendent les bras pour conserver un équilibre précaire. Ils gonflent leurs joues. Ils aspirent péniblement l'air du matin. Les femmes les suivent difficilement. Leurs vêtements maculés de boue, leur collent au corps. Certaines d'entre elles portent des enfants sur le dos. Avec des paniers d'osiers, et des chargements autour des omoplates. Le bruit de leurs pieds dans le sable est douloureux aux oreilles.

Des jeunes garçons ferment la caravane des réfugiés. Ils sont tellement maigres qu'ils n'ont plus la force de soulever les pieds pour marcher. Leurs yeux sont enfoncés dans les orbites. Des traces affreuses des famines successives, et d'une marche exténuante depuis les confins de l'univers.

La caravane erre au hasard des chemins et des sentiers. Des rescapés des guerres atroces, des survivants d'une misère mortelle. Ils ont vu de leurs yeux le monde se fragmenter, et basculer dans le néant de la violence. Ils se sont agrippés à la vie parce que la mort les a épargnés. Ils ne luttent pas seulement avec leurs pieds et leurs poings, mais par le souffle et le regard.

Parce qu'ils ne sont pas encore morts, ils vivent, ou ils survivent, dans l'illusion d'eux-mêmes.

Tesnaye Habte et Sisaye Kebede leur emboîtent le pas, sans poser de questions. Ils se retrouvent pris dans le vertige de l'errance. Tesnaye suffoque de douleur. Le sang s'est coagulé sur ses vêtements. Il traîne sa jambe blessée dans un effort désespéré. Il interroge Sisaye.

– Des hommes peuvent-ils survivre à tant de souffrances ?

– Ils ont dépassé le stade de la souffrance. Ils ne sont plus que des corps qui se déplacent.

– À quel pays appartiennent-ils ?

Leur pays est un horizon vaste qui ne termine pas. Leur paysage est illimité, parce qu'il s'est étendu jusqu'aux espaces du rêve. Ils ont aboli les frontières. Toutes les frontières imposées par la ligne de l'horizon.

Un soleil radieux s'est hissé enfin sur les crêtes des montagnes. Il est d'une blancheur insoutenable. Par réflexe, la caravane des exilés s'écarte du chemin, d'un commun accord. Les femmes détachent les poids de leur dos. Elles s'écroulent sur le sol. Les hommes s'éloignent en chancelant, comme s'ils étaient ivres. Ils s'assoient en cercle sous un arbuste au feuillage touffu. Tout se déroule comme dans un long rêve. Des femmes sortent de leurs paniers des galettes de farine enrobées d'un miel visqueux qui colle aux doigts. Les enfants tendent la main. Tesnaye et Sisaye reçoivent leur part d'une main étrangère et indifférente. Ils mangent tous en silence.

Soudain, une voix s'élève dans l'air brûlant. Un chant à la frontière de la prière et du sanglot. Une lamentation qui rappelle la joie et la peine, évoque la vie et la mort. La femme chante des paroles de courage et d'espérance. Tout se fige autour d'elle pour écouter cette mélodie qui relie les vivants à ceux qui vont naître.

La terre est ma demeure et elle remue dans ma poitrine

le cri de l'enfant né sur des sables chauffés de soleil

où donc ma voix pourra-t-elle s'enfler comme vent dans l'orage

toi ma fille ne regarde pas dans la vallée des ombres dissoutes

*la souffrance s'éteint au cœur de l'hiver-
nage*

la mort s'éloigne au souffle de l'espérance

*prends-moi par la main enfant ne me
laisse pas pleurer*

*je suis ta mère immortelle je t'amène au
pays étrange*

Le chant est repris maintenant par
toutes les bouches. Des filles nubiles l'ac-
compagnent en battant des mains. La mélodie monte et grandit, comme un vent
dans la tourmente. Les enfants dorment
sous la chaleur. Alors, des insectes se font
entendre autour des buissons. Des oiseaux
aux plumages gris tournent au-dessus des
acacias. Le chant de la femme a réveillé la
nature tout entière.

Tesnaye se murmure en lui-même :
« Cette lamentation, je ne l'oublierai
jamais. Ce chant me fait renaître à une
autre existence. Les choses se transfor-
ment sous mes yeux. Ce chant qui récon-
forte me poursuivra dans mes songes.
Plus jamais, je n'aurai peur des eaux du
lac Tana. »

Ils se lèvent tous, du même mouvement. Personne ne fait un geste pour leur
indiquer la voie. Déjà, ils marchent avec

la même impassibilité qu'avant le temps du repos. Mais leur allure est plus sereine. Les enfants somnolent sur le dos de leur mère, en penchant la tête. Les paniers sont plus légers. Que mangeront-ils ce soir ?

V. Le camp de Gondar

À la nuit, le convoi finit par échouer dans un camp inattendu. Des jeunes gens habillés d'un uniforme brunâtre s'avancent pour accueillir les réfugiés. Ils les alignent dans la cour centrale. Un groupe survient avec des fichiers. Ils leur offrent des gobelets remplis de lait frais. Ils leur posent des questions sans les brusquer.

– Y en a-t-il parmi vous qui savent lire et écrire ? Ils nous aideraient énormément.

– Je sais lire *l'amharique*, et un peu aussi le *tigrinya*, répond Tesnaye Habte.

Tesnaye prend des fiches sur la table. Un homme d'un certain âge le congratule et lui donne une tape amicale sur l'épaule.

– Très bien, mon garçon. Alors, tu vas te charger de tes compagnons. Nous avons trop de travail dans le camp. Mais tu es blessé ? Que t'est-il arrivé ?

– Ce n'est rien. Une éraflure.

– Tu appelles cela une éraflure. Ta cuisse a gonflé démesurément. Tu as dû fournir un effort extraordinaire pour te traîner jusqu'ici.

Une jeune fille en tablier blanc apporte un récipient avec de l'alcool à frictionner et des bandages. Elle dépose la jambe de Tesnaye Habte sur un banc. La plaie est affreuse à voir. Elle frotte bien fort, pour enlever les croûtes. La blessure n'est pas profonde. Elle désinfecte avec de l'alcool. Tesnaye serre les mâchoires, pour ne pas hurler de douleur. L'infirmière lui sourit.

– Tu es courageux. Nous nous entendrons bien, tu verras. Après une semaine tu seras guéri et tu pourras courir. Encore un petit effort. Là, tu y es ? Voilà. Tout est fini. Un dernier pansement. Demain, à l'aube, tu te présenteras pour les soins. Je t'établirai une fiche. Va maintenant aider à la rédaction des listes.

– S'il vous plaît, Mademoiselle, pouvez-vous me dire où nous nous trouvons ?

– Tu ne le sais donc pas, petit délinquant ? Tu es sympathique. D'où sortez-vous donc ? Ici, vous êtes au camp de Gondar, le plus grand du Begemder. À l'horizon, brillent les montagnes du Simien, les plus belles de toute la terre. Le Tigray ! Nous accueillons des réfugiés de toute la région, même du Wollo. La famine a fait tellement de ravages par ici. Tu me suis ? Et ton copain, qu'est-ce qu'il fait de ses deux mains ?

– Sisaye Kebede ? Mon meilleur ami. Il m'a tiré des griffes de la mort.

– Dans mon village, je garde les vaches. Mais je reconstruis aussi les cases. Nous avons connu la faim nous aussi. Nos parents nous ont appris à conserver les céréales.

– Tu tombes bien, mon ami. Comment avez-vous fait pour arriver jusqu'ici ?

– Des faux conscrits. L'attaque du convoi militaire. Nous n'avons même pas eu le temps de porter nos tenues de camouflage. Des morts, des blessés que les rebelles ont achevés dans l'incendie. C'était seulement hier. Mais c'est comme si nous avions marché pendant un millier d'années.

Tesnaye est radieux.

– Je ne reverrai plus jamais la montagne de Zaghié. Ni les eaux bleues du Tana.

– Ici, Tesnaye Habte, nous referons un autre univers. Ce camp sera notre montagne éternelle. Nous nous battrons tellement avec nos poings, que la terre deviendra aussi bleue que le lac Tana. Moi aussi, j'apprendrai avec toi à lire et à écrire. Tu m'instruiras, et moi, je te montrerai comment surmonter la peur.

Le plus de Plus

Réalisation : Colette Rodriguez

*Une idée de Jean-Bernard Jobin
et Alfred Ouellet*

1. ENFANCE, ENFANCE...

AVANT DE LIRE

Le jeu de l'explorateur

Le héros de *Enfance, enfance*... s'appelle Hassan

Explorez en douze étapes le pays de Hassan, son histoire, sa situation actuelle.

1. Pour vous aider à trouver le nom du pays où se déroule le récit, voici une charade :
   Mon premier est un lieu de marché ou de rassemblement
   Mon second est une consonne
   Mon troisième s'amuse
   Mon tout, c'est _____

2. Si vous n'avez pas trouvé, c'est un des trois pays ci-dessous : lequel ?
   a. la Tunisie
   b. l'Algérie
   c. la Jordanie

3. Ce pays a des points communs avec ses deux voisins. Tous les trois forment :
   a. la République arabe unie
   b. la République islamique
   c. le Maghred

4. Le grand désert qui est au sud du pays de Hassan s'appelle :
   a. le Canada
   b. le Sahara
   c. le Manitoba

5. Au cours de son histoire le pays de Hassan a connu des envahisseurs, mais il n'a jamais été occupé par :
   a. les Romains
   b. les Arabes

c. les Anglais

d. les Turcs

e. les Français

6. Les Berbères constituent le peuple originaire du pays d'Hassan. Ils sont nombreux dans la région de Sétif; ils ont leur langue et leur culture. Cette région s'appelle

a. la Kabylie

b. la Mongolie

c. l'Éthiopie

7. Après une longue et douloureuse guerre ce pays est devenu indépendant; c'était en:

a. 1830

b. 1950

c. 1962

8. Ce pays est

a. un royaume

b. une république

c. une fédération

9. La religion la plus présente dans le pays est:

a. la religion catholique

b. la religion bouddhiste

c. la religion musulmane

10. Au bord de la Méditerranée, dans une rade magnifique, la capitale de ce pays est:

a. Annaba

b. Sétif

c. Alger

AVEZ-VOUS BIEN LU?

Le test du bon lecteur

Vous avez lu «Enfance, enfance...» et vous en avez retenu les détails. Testez votre compréhension et votre mémoire sans vous reporter au texte. Comptez un point par réponse juste.

1. Hassan habite
   a. la ville de Sétif
   b. un petit village
   c. une ferme

2. Son père
   a. est mort peu après la naissance de Hassan
   b. a abandonné sa famille
   c. est allé travailler en France

3. Sa mère
   a. travaille comme femme de ménage chez des Français
   b. travaille dans une librairie
   c. ne travaille pas et n'a aucun revenu

4. Les élèves de l'école
   a. respectent Hassan parce qu'il est bon élève
   b. se moquent de Hassan parce qu'il est bossu
   c. sont jaloux des succès scolaires de Hassan

5. Les élèves de l'école
   a. témoignent de l'amitié à Tarzan dès son arrivée
   b. sont jaloux de la force de Tarzan
   c. sont cruels envers Tarzan qui doit se battre contre eux

6. Tarzan ne peut pas expliquer ses problèmes au maître d'école
   a. parce que le maître lui fait peur
   b. parce que son père lui interdit de parler de sa famille à des étrangers
   c. parce que le maître parle français et que Tarzan parle une autre langue

7. À Sétif Tarzan invite Hassan à manger

    a. des pois chiches au cumin
    b. des brochettes de mouton
    c. du couscous au poulet

8. Tarzan s'appelle
    a. Ahmed
    b. Mouloud
    c. Youssef

9. Hassan offre à Tarzan
    a. un parfum
    b. une brosse à cheveux
    c. de la brillantine

10. Hassan offre à Tarzan un dessin imité
    a. d'un livre prêté par la patronne de sa mère
    b. d'une carte vue dans une librairie
    c. d'un livre de la bibliothèque de l'école

11. Le père de Tarzan est
    a. commerçant
    b. mécanicien
    c. coiffeur

12. Les garçons
    a. sont dans des classes de garçons et les filles dans des classes de filles (pas de classes mixtes)
    b. sont dans les mêmes classes que les filles (classes mixtes)
    c. sont dans des classes mixtes mais sont beaucoup plus nombreux que les filles

13. Hassan écrit une lettre à Leïla mais
    a. l'amie de Leïla montre la lettre à la maîtresse
    b. Leïla, en colère, montre elle-même la lettre à la maîtresse
    c. Tarzan, par maladresse, fait savoir au maître que l'auteur de la lettre est Hassan

14. Leïla lit la lettre
    a. elle reste indifférente
    b. elle éclate en sanglots
    c. elle veut se venger de Hassan

15. Après le départ de Tarzan, Hassan reste sans le voir pendant
    a. deux mois
    b. six mois
    c. deux ans

La naissance d'une amitié

Le récit « Enfance, enfance... » raconte comment naît l'amitié entre Hassan le bossu et Tarzan, le nouvel élève. Remettez dans l'ordre chronologique les différentes relations entre les deux garçons.

1. Hassan offre un paquet de cigarettes à Tarzan

2. Tarzan invite Hassan à manger des pois chiches au cumin

3. Hassan offre une petite bouteille de brillantine à Tarzan

4. Tarzan dit à Hassan qu'il voudrait être aussi bon élève que lui

5. Hassan offre un dessin à Tarzan pour Leïla

6. Hassan conseille son ami sur les moyens de séduire Leïla

7. À la rentrée Tarzan cherche une table pour Hassan et lui

La fascination de la ville

Hassan découvre la grande ville de Sétif, capitale régionale.

Relevez les trois erreurs qui se cachent parmi les remarques d'Hassan sur Sétif :

1. larges rues
2. maisons à étages
3. rues éclairées la nuit
4. rues nombreuses
5. magasins
6. voitures
7. immense marché
8. fontaine ou cinq bassins avec une statue de femme aux seins nus
9. un tramway
10. un cinéma

Le jeu de l'amour et de la séduction

Quel conseils Hassan donne-t-il à Tarzan afin de conquérir l'amour de Leïla ?

Trouvez les deux erreurs qui sont dans les conseils suivants

1. se retrouver sur le chemin de la fille
2. lui envoyer des fleurs
3. lui adresser un sourire, une œillade discrète
4. prendre un air rêveur
5. réciter des poèmes d'amour
6. fredonner une chanson sentimentale à la mode
7. faire entendre des soupirs

Donneriez-vous les mêmes conseils à un ami ?

Les loisirs

Quels sont les loisirs des jeunes qui apparaissent dans ce récit ?

Relevez deux erreurs dans la liste suivante.

Attribuez à Hassan ou à Tarzan les loisirs qui conviennent

1. il dessine

2. il nage dans la mer
3. il vend de l'eau sur la place du souk
4. il fume des mégots
5. il écrit des poèmes
6. il joue avec ses amis
7. il lit

POUR PROLONGER LA LECTURE

Jeux de mots

Des noms et des adjectifs à croiser

Horizontalement

1. Comportement des élèves qui fait souffrir Tarzan
2. Celui qu'Hassan veut être pour Tarzan
3. Celui qui aime se moquer
4. Situation où se trouve le père de Hassan, loin de son pays
5. Sentiment plein de chaleur

Verticalement

1. Lié à un autre dans une affaire commune
2. Charmé
3. Qui aime jouer des tours aux autres
4. Étonné et désireux d'en savoir plus
5. Qui n'est pas coupable

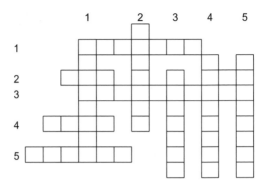

Un peu d'ordre !

Les lettres qui composent chaque mot ont été mé-
langées; retrouvez les mots en vous aidant des in-
formations données.

Horizontalement

1. ACEFINS Qui est comme Tarzan lorsqu'il
   parle de la ville de Sétif
2. AAIILLR « Ce que je fis pendant le séjour de
   Tarzan à l'école », pourrait dire un élève de sa
   classe
3. AEEEGNR Qui est comme la voix du père de
   Tarzan le jour de la rentrée à l'école
4. ELORSTU Il se décida (à écrire à Leïla)

Verticalement

1. ACEFRRU Qui est comme tous les garçons
   de la classe de Tarzan
2. AIRSSUV « Tu... mes conseils pour séduire Leïla »
   dit à peu près Hassan à Tarzan
3. LAEGILL Qui n'est pas permis
4. EEILNTX Ce que font les dures conditions de
   vie à de nombreux pères de famille du pays

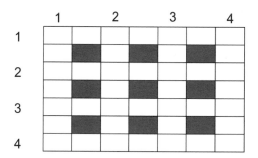

2. Le locataire

Le Liban sa géographie, son histoire

Le Liban est un pays du Moyen-Orient, limité par la mer Méditerranée, la Syrie et Israël. Sa superficie est de 10 452 km^2.

Le Liban jouit d'un climat tempéré, doux en hiver, chaud et humide en été. La côte très largement découpée a favorisé la création de ports dont Beyrouth la capitale, Djouniyé, Saïda, Sour.

Le Liban a de hautes montagnes couvertes de pins et de cèdres (le cèdre est l'emblème du Liban).

Les ancêtres des Libanais sont les Phéniciens réputés par leur sens du commerce ; leur nom est lié à la découverte de l'alphabet.

Le Liban très convoité par ses voisins a été envahi tour à tour par les Grecs, les Romains, les Byzantins et les Arabes. À l'époque des croisades il a été un royaume chrétien pendant plus de deux siècles. Puis il a été conquis par les Turcs. En 1922, il est passé sous mandat français. Le 22 novembre 1945 le Liban a obtenu son indépendance, et est devenu une république démocratique.

En 1974, la guerre a éclaté au Liban divisant la population et mettant en conflit Libanais, Syriens, Palestiniens et Israéliens.

Elsa-Maria Mazigi

Mon Liban

J'ai l'âge de la guerre.

La guerre, on vit cela comme un mal incurable ; cela vous ronge.

Le feu a brûlé mon lit, les obus ont détruit ma maison, le bruit a fait éclaté mon cœur. On a fui devant la cannonade, on a vécu recroquevillés dans les recoins humides des abris de fortune, on a rampé pour contourner des murs éventrés.

On m'a imposé la guerre, puis l'exil.

On a tort de croire « qu'ailleurs » c'est la liberté. L'exil est trop grand, j'y suis perdue. Je ne me cerne plus. J'ai peur. J'ai froid.

On ne pleure plus chez moi. On a baricadé son corps, son cœur.

Elsa-Maria MAZIGI

3. Les enfants du lac Tana

AVANT DE LIRE

Le Nil et le lac Tana

Afin de vous familiariser avec la puissance du Nil, complétez le texte suivant à l'aide d'un atlas.

Le Nil est le plus long fleuve du monde. Sa longueur est de 6671 km. Né au nord du lac T_____ _____ (1), il traverse ensuite les lacs V_____ _____(2), Kioga et A_____(3) puis, il coule dans la plaine du S_____(4) à la sortie de laquelle il

prend le nom de Nil B_____(5). Le Nil B__
_____ (6) et le Nil B_____ (7) se re-
joignent à l'emplacement de la ville de K_____
(8). Le Nil coule ensuite le long de falaises et son lit
est encombré en six endroits par de gros rochers :
ce sont les cataractes ou rapides qui empêchent ou
gênent la navigation. Au niveau de la deuxième ca-
taracte, le cours du Nil pénètre en É_____
(9). Entre Assouan et la capitale de l'Égypte, L – C
_____ (10), le fleuve coule dans une plaine et
sa vallée forme des terres fertiles. Arrivé au-delà du
C_____ (11), le fleuve forme un vaste del-
ta et se jette dans la M_____ (12). À la fin
de son parcours, le Nil aura traversé sept États ; le
K_____ (13), le R_____ (14), le B____
_____ (15), le Z_____ (16), le S_____
(17), l'É_____ (18) et, enfin, l'É_____
(19).

Testez vos connaissances sur l'Afrique

Associez chaque pays à sa capitale

Pays	Capitale
ex: 1. La Tunisie	a. Le Caire
2. La Libye	b. Addis-Abela
3. L'Égypte	c. Nairobi
4. Le Soudan	d. Tunis
5. L'Éthiopie	e. Tripoli
6. La Somalie	f. Khartoum
7. Le Kenya	g. Mogadishu

Un conseil

Pour mieux comprendre *Les enfants du lac Tana* nous vous conseillons de consulter un dictionnaire encyclopédique pour connaître l'histoire de l'Éthiopie et les origines de la situation évoquée dans le texte.

AVEZ-VOUS BIEN LU ?

Dix mots cachés à encercler

Les mots cachés sont placés horizontalement, verticalement ou en diagonale ; ils sont tous dans le texte et pour vous aider voici quelques indices :

- Pupille de l'œil
- Forte muraille
- Action de prophétiser
- Brouillard léger
- Remuer par un mouvement alternatif d'avant en arrière
- Mettre en désordre en poussant, en renversant
- Organes pointus de certains animaux servant à piquer et à inoculer un venin
- Succession des souverains d'une même famille
- Connaissance juste des choses
- Longue robe portée par les ecclésiastiques

P	R	O	P	H	E	T	I	E
A	R	E	M	P	A	R	T	A
B	R	U	M	E	A	O	X	B
I	T	A	N	G	U	E	R	D
Z	S	A	G	E	S	S	E	D
B	X	Z	T	D	L	M	D	A
B	O	U	S	C	U	L	E	R
S	O	U	T	A	N	E	E	D
D	Y	N	A	S	T	I	E	S

Les Solutions

1. Enfance, enfance...

Le jeu de l'explorateur

1. Charade : halle-G-rit, Algérie ; 2 B. ; 3. C ; 4. B ; 5. C ; 6. A ; 7. C ; 8. B (la République algérienne démocratique et populaire) ; 9. c ; 10. c.

Le test du bon lecteur

1 point par réponse juste : 1a, 2c, 3a, 4a, 5c, 6c, 7a, 8b, 9c, 10b, 11b, 12a, 13a, 14b, 15b

Si vous avez entre 12 et 15 points, bravo ! Vous avez fait une lecture attentive et vous êtes un bon lecteur.

Si vous avez entre 9 et 11 points, vous avez oublié certains détails du texte ; vous avez peut-être fait une lecture trop rapide.

Enfin si vous avez moins de 8 points, vous n'êtes peut-être pas intéressé par l'histoire d'une amitié : vous préférez probablement un autre type de récit !

La naissance d'une amitié

1. 4. 3. 6. 5. 7. 2

La fascination de la ville

3. 8. (la fontaine a 4 bassins). 9

Le jeu de l'amour et de la séduction

2. 5.

Les loisirs

2. 5. remarque : parmi les jeux populaires au Maghreb il y a le football

1. h ; 3. h ; 4. t ; 6. t ; 7. h.

Jeux de mots

Horizontalement : 1. cruauté ; 2. ami ; 3. plaisantin ; 4. exil ; 5. ardeur.

Verticalement : 1. complice ; 2. fascine ; 3. farceur ; 4. intrigue ; 5. innocent.

Un peu d'ordre !

	1		2		3		4
1	F	A	S	C	I	N	E
	A		U		L		X
2	R	A	I	L	L	A	I
	C		V		E		L
3	E	N	R	A	G	E	E
	U		A		A		N
4	R	E	S	O	L	U	T

3. Les enfants du lac Tana

Le Nil et le lac Tana

1. Tanganyika ; 2. Victoria ; 3. Albert ; 4. Soudan ; 5. Bleu ; 6. Blanc ; 7. Bleu ; 8. Khartoum ; 9. Égypte ; 10. Le Caire ; 11. Caire ; 12. Méditerranée ; 13. Kenya ; 14. Ruanda ; 15. Burundi ; 16. Zaïre ; 17. Soudan ; 18. Éthiopie ; 19. Égypte.

Testez vos connaissances sur l'Afrique

1. d ; 2. e ; 3. a ; 4. f ; 5. b ; 6. g ; 7. c.

Dix mots à encercler

P	R	O	P	H	E	T	I	E
A	R	E	M	P	A	R	T	A
B	R	U	M	E	A	O	X	B
I	T	A	N	G	U	E	R	D
Z	S	A	G	E	S	S	E	D
B	X	Z	T	D	L	M	D	A
B	O	U	S	C	U	L	E	R
S	O	U	T	A	N	E	E	D
D	Y	N	A	S	T	I	E	S

Dans la même collection

9 ans et plus

- De Grosbois, Paul   La peur de ma vie
- Denis, Marie   Une journée à la mer
- Ponty, Monique   L'escale
- Soulières, Robert   L'homme qui venait de la mer
- Gallaire, Fatima   Le mendigot
- Mauffret, Yvon   Jonas, le requin rose
- Ngal, Georges   Un prétendant valeureux
- Ponty, Monique   Viva Diabolo !

13 ans et plus

- Fakoly, Doumbi   Aventure à Ottawa
- Gagnon, Cécile   Une barbe en or
- Rodriguez, Colette   L'inconnue du bateau fantôme
- Clermont, M.-A.   La nuit mouvementée de Rachel
- Sernine, Daniel   La fresque aux trois démons
- Vidal, Nicole   CH.M. 250 K.
- Nouvelles de
  Wilwerth, Évelyne   Mannequin noir ds barque verte
  Kozakiewicz, Andrzej   Le carnaval de Venise
- Nouvelles de
  Porret, Marc   L'almanach ensorcelé
  Lord, Véronique   L'espace d'une vengeance

16 ans et plus

- Ngandu P. Nkashama   Un matin pour Loubène
- Pelletier, Francine   La forêt de métal
- Beccarelli-Saad, T.   Portraits de famille
- Ponty, Monique   L'homme du Saint-Bernard
- Taggart, M.-Françoise   Une affaire de vie ou de mort

- Nouvelles de
  Gagnon, Madeleine   Le sourire de la dame de l'image
                           Le secret des pivoines
  Rochon, Esther   Les deux maisons
- Nouvelles de
  Sebbar, Leïla   Lorient-Québec
                           L'esclave blanche de Nantes

- Nouvelles de
  Belamri, Rabah   Enfance, enfance...
  Mazigi, Elsa-Maria   Le locataire
  Ngandu P. Nkashama   Les enfants du lac Tana

- niveau facile
- niveau intermédiaire